VORWORT

Das Smartphone mag uns mit der ganzen Welt verbinden. Aber es erdet uns nicht. Diese Einsicht stammt von mir. Einem digitalen Junkie. Ich würde gern sagen, dass ich keiner mehr bin. Doch das wäre nur die halbe Wahrheit. Selbst eine Digital-Detox-Expertin kann dem Smartphone nicht immer widerstehen. Aber ich habe inzwischen Wege gefunden, mit digitalen Verlockungen selbstbewusst und achtsam umzugehen.

Das war nicht immer so. Früher war ich mit dem Handy fast verschmolzen. Ihren negativen Höhepunkt erreichte diese ungesunde Beziehung, als mir im Sommer 2016 die Daumen und Arme vom Tippen so sehr weh taten, dass ich mir notgedrungen eine digitale Zwangspause verordnete.

So drängte sich das Thema Digital Detox auf schmerzhafte Weise in mein Leben. Und ich wusste instinktiv, dass es uns alle angeht. Heute und in Zukunft.

Ich fing an, mich selbst zu beobachten und bemerkte die absurdesten Verhaltensweisen. Suchte nach Ursachen und Möglichkeiten, mein digitales Leben in den Griff zu kriegen. Und teile meine Erkenntnisse bis heute mit den Lesern meines Blogs, der Anfang 2017 unter dem Motto „Mein Herz schlägt analog!“ live ging.

Halbwegs selbstbestimmt leben. Das werden bald nur noch diejenigen, die sich mit ihrer digitalen Nutzung auseinandersetzen. Gewohnheiten hinterfragen und ändern. Ich möchte, dass du zu diesen Menschen gehörst. Zu denen, die nicht nur reden, sondern auch machen. Es anders machen.

Dieses DAILY DIARY begleitet dich auf deinem Weg in ein Leben mit mehr digitaler Balance, Kreativität, Lebensfreude, Energie und Zeit für die wirklich wichtigen Menschen und Dinge.

Und ein solches Leben wünsche ich dir!

INHALT

EINFACH MAL ABSCHALTEN

mit deinem Digital-Detox-Journal

Abschalten. Das klingt leichter als es ist. Wir leben in einer Welt, in der wir zumindest glauben, immer und überall erreichbar sein zu müssen. Doch wer ständig auf Standby ist, der schaltet nie richtig ab. Und ist auch nie richtig da. Im Moment. Im echten Leben.

Darum wünschen sich immer mehr Menschen, das Handy auch mal weglegen zu können. Wieder mehr Zeit für Menschen und Aktivitäten zu haben, die ihnen wirklich wichtig sind und die ihr Leben bereichern.

Geht es dir auch so? Aber wo anfangen? Ganz einfach: bei deinen Gewohnheiten!

Vieles, was wir täglich tun, tun wir unbewusst. Wir leben unsere Gewohnheiten, ohne sie zu hinterfragen. Richtig so – denn stell dir vor, du müsstest jeden Tag neu lernen, dir die Zähne zu putzen oder überlegen, wie du dich anziehst.

Durch Gewohnheiten spart unser Gehirn Energie und wir Zeit. An sich eine gute Sache! Allerdings gewöhnen wir uns auch Dinge an, die uns nicht gut tun, zum Beispiel bei Smartphone & Co. Oder denkst du bewusst darüber nach, wann und warum du zum Handy greifst?

Dieses Journal aus der neuen Reihe DEIN DAILY DIARY unterstützt dich dabei, deine digitalen Gewohnheiten zu ändern: Es liefert dir über 66 Tage Übungen, Impulse, Zitate und Challenges, die dir helfen, eine wohltuende digitale Balance für dein Leben zu finden und sie zu halten.

Bist du bereit für dein Digital-Detox-Abenteuer? Dann raus aus der digitalen Stressfalle und rein ins Leben!

VOM GUTEN VORSATZ ZUR WILLKOMMENEN GEWOHNHEIT

So gelingt's!

Gerade wenn ein neues Jahr beginnt, haben wir gute Vorsätze. Wir beschließen, gesünder zu leben, das Zuhause zu entrümpeln und weniger Zeit mit Smartphone & Co. zu verschwenden … Und alle Jahre wieder lassen sich viele von uns nach den ersten euphorischen Wochen vom Alltag und den alten Gewohnheiten einfangen. Und motten die Vorsätze ein fürs nächste Jahr.

Damit ist jetzt Schluss! DEIN DAILY DIARY hilft dir dabei, deine Vorsätze umzusetzen und neue Gewohnheiten nachhaltig in dein Leben zu integrieren. Die Reihe beruht auf einer Studie des University Colleges in London. Dort untersuchten Forscher, wie lange es dauert, bis neues Verhalten zur Gewohnheit wird. Die Versuchspersonen überlegten sich eine gesunde Routine und übten sie dann täglich aus, aßen etwa ein Stück Obst oder machten einen Spaziergang. Das Ergebnis: Es dauerte im Schnitt 66 Tage, bis sie der neuen Angewohnheit nachgingen, ohne darüber nachzudenken.

Damit auch dir das gelingt, enthält dieses Digital-Detox-Journal Übungen, Impulse, Zitate und Challenges für 66 Tage. Mit ihnen kannst du neue Gewohnheiten so einüben und festigen, dass selbstverständliche Routinen daraus werden, die die alten ersetzen können. Dafür benötigt dein Gehirn Regelmäßigkeit und Zeit. Du solltest also die Aufgaben so oft es geht wiederholen.

Wenn du mal einen Tag Pause brauchst, ist das völlig okay. Doch versuche, während der 66 Tage keine größeren Auszeiten zu nehmen, damit dein neues Verhalten wirklich zur automatischen Gewohnheit wird. Und solltest du mal komplett raus sein, vergiss nicht: Du kannst immer wieder neu beginnen! Wichtig ist, dass du überhaupt anfängst und versuchst, am Ball zu bleiben.

Starte im Idealfall mit der ersten Tagesaufgabe an einem Montag, denn die Aufgaben sind so aufgebaut, dass zeitintensivere auf das Wochenende fallen. Übrigens: Nicht alle Übungen eigenen sich für jeden. Das Buch bietet dir bewusst eine breite Auswahl. Wenn du eine Aufgabe nicht machen kannst oder willst, überlege dir, ob du sie an deine Bedürfnisse anpassen kannst.

Neben der täglichen Inspiration bieten dir sechs Wissensinseln spannende Hintergrundinfos zum Thema Digital Detox. So kannst du dich noch intensiver einarbeiten und erhältst weitere motivierende Impulse. Damit du deine Fortschritte reflektieren kannst, findest du alle elf Tage einen Mood-Tracker, der dir dabei hilft, deine Entwicklung sichtbar zu machen. Wie das funktioniert, kannst du auf der folgenden Seite nachlesen – dort findest du auch schon deinen ersten Mood-Tracker, den du deiner Stimmung entsprechend ausmalen kannst.

Was dich am Ende der 66 Tage erwartet? Das wunderbare Gefühl, selbstbewusst entscheiden zu können, wann und wie du digitale Medien nutzt – und dich nicht länger von ihnen benutzen lässt. Damit du wieder mehr Zeit zum Leben hast.

Du wirst sehen: Neue Vorsätze zu verwirklichen hat noch nie so viel Spaß gemacht!

DEIN WEGBEGLEITER

der Mood-Tracker

In 66 Tagen zu neuen positiven Gewohnheiten und Verhaltensmustern – wenn du am Ball bleibst, wird es dir gelingen! Damit du dir einen guten Überblick über deine Fortschritte verschaffen kannst, findest du in deinem persönlichen DAILY DIARY immer nach elf Tagen einen Mood-Tracker, insgesamt sechs an der Zahl.

Beim Mood-Trackern hältst du Tag für Tag mit unterschiedlichen Farben die Gefühle und Stimmungen fest, die du auf deinem Weg zu neuen wohltuenden (digitalen) Routinen in deinem Alltag empfindest. Diese Visualisierung macht es dir einfach, deine momentane Gefühlslage zu reflektieren und deine Entwicklung nachzuverfolgen. Vielleicht stellst du fest, dass es in deinen Gedanken oder in deinem Verhalten Muster gibt. Sobald du diese erkannt hast, kannst du sie entweder durchbrechen oder wiederholen, wenn sie dich auf einen positiven Weg führen.

Die Vorlage des Mood-Trackers ist in elf unterschiedlich große Flächen aufgeteilt. In der Legende findest du drei verschiedene Moods. Male die Fläche des betreffenden Tages in der Farbe aus, die deiner Stimmungslage nach dem Erledigen der Tagesaufgaben am nächsten kommt. Du wirst sehen, durch die tägliche Umsetzung der Übungen und die Analyse deines Befindens wirst du schnell Fortschritte machen und Schritt für Schritt zu mehr Glück, Zufriedenheit und digitaler Balance finden.

TRACK DEN FORTSCHRITT

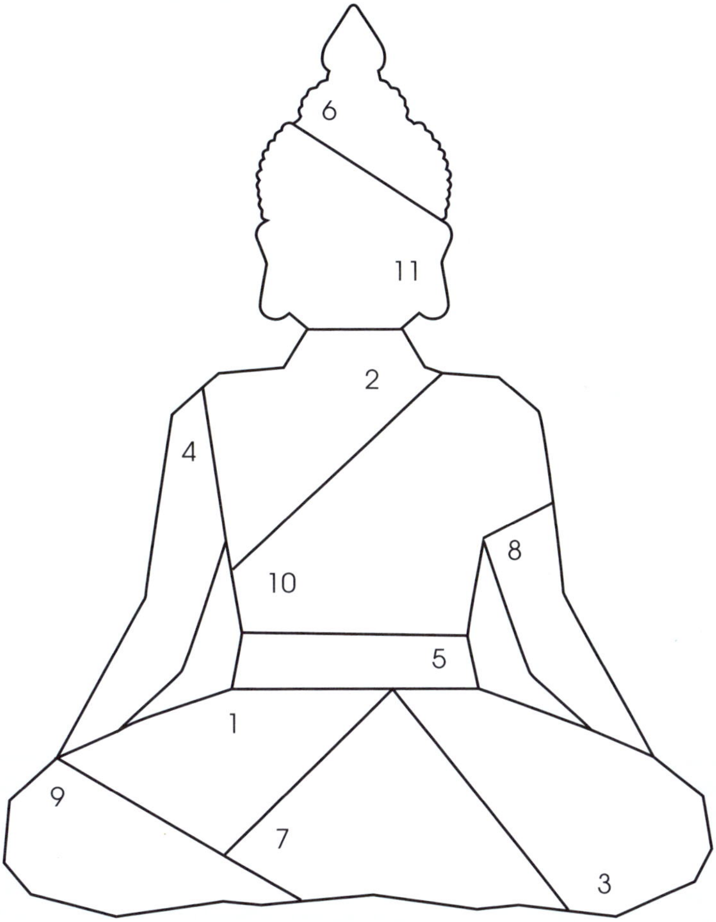

- ☐ DIESE TAGESAUFGABE FAND ICH SUPER!
- ☐ BEI DER AUFGABE VON HEUTE HABE ICH GEMISCHTE GEFÜHLE.
- ☐ DIE HEUTIGE AUFGABE IST (NOCH) GAR NICHT GUT GELAUFEN.

KNOW HOW

Digital Detox ist eine Lebenseinstellung, keine Mode!

„Ah, da muss man offline gehen, oder?" So reagieren die meisten Menschen, wenn ich von meinem Blog erzähle. Wenn sie überhaupt etwas mit Digital Detox (zu Deutsch: digitale Entgiftung) anfangen können, denken sie oft an den totalen Verzicht auf digitale Geräte und Medien.

Das halte ich aber weder für sinnvoll noch notwendig. Nein, wir müssen uns nicht in einer Hütte fernab von Zivilisation und Internetempfang abschotten, um ein gutes Leben zu führen. Denn: Viele digitale Angebote leisten uns gute Dienste. Auch ich nutze vieles mit Begeisterung. Aber inzwischen nur noch in dem Maße, wie es mir gut tut.

Wie viel Umgang mit digitalen Medien ist okay für uns und ab wann verursacht er Stress? Zu erkennen, ab wann die Beschäftigung mit Handy & Co. uns Lebenszeit raubt, die wir mit Menschen und Aktivitäten verbringen könnten, die uns mehr bereichern – das ist für mich Digital Detox.

Hast du deine individuelle digitale Dosis schon gefunden? Denn die Dosis macht bekanntlich das Gift. Darum passt der Begriff Digital Detox auch ganz gut. Smartphones, Streaming und Social Media schleichen sich wie Gift in unser Leben. Zuerst spüren wir die euphorisierende Wirkung, dann wollen wir immer mehr – und irgendwann tauchen Anzeichen einer Überdosierung auf.

Es ist wie beim Zucker: ein bisschen versüßt uns den Tag und schadet nicht. Wenn aber aus einer Rippe Schokolade eine ganze Tafel wird, bleibt das nicht ohne Folgen und aufhören wird zur Herausforderung. Ein kurzzeitiger Ver-

zicht reicht leider nicht mehr aus, wenn sich Gewohnheiten tief in unser Gehirn gegraben haben und wir abhängig sind von unserem „Gift“.
Wenn du bislang dachtest, dass Digital Detox eine Art Entgiftungskur ist, dank der du nach ein paar abstinenten Tagen kaum noch zum Handy greifst, muss ich dich enttäuschen. Es ist ein Prozess. Ein langwieriger. Genauso wenig, wie du dauerhaft abnimmst, wenn du ein paar Wochen Diät hältst und dann wieder wie zuvor isst, kannst du dir die übermäßige digitale Nutzung an einem Wochenende abgewöhnen. Sicher, ein Urlaub, in dem du weitgehend aufs Handy verzichtest, ist ein wichtiger Schritt. Du fühlst die positive Wirkung und das motiviert! Aber danach gilt es, die lästigen Gewohnheiten auch im Alltag zu ändern.

Damit unser Gehirn neue Routinen abspeichert, benötigt es viele Wiederholungen und damit Zeit. Darum findest du auf den folgenden Seiten 66 Impulse, Anregungen und Aufgaben, die dir helfen, neue digitale Gewohnheiten zu etablieren. Damit dir künftig mehr Zeit zum Leben bleibt. Damit du dich besser auf Dinge und Menschen konzentrieren kannst, die dir wirklich wichtig sind. Damit du (selbst-)bewusst mit Handy & Co. umgehen kannst und künftig selbst entscheidest, wann und wie du sie benutzt – ohne Stress und schlechtes Gewissen.
All das kannst du – vorausgesetzt, Du entscheidest dich dafür. Digital Detox (ich spreche lieber von digitaler Balance) ist weit mehr als ein Trend. Es ist eine Entscheidung, die du für dich und dein Leben triffst. Bist du bereit dafür?

ÜBUNG

TAG 1

HEUTE BEGINNT DEIN DIGITAL-DETOX-ABENTEUER! STELLE DIR ZU BEGINN DIESE BEIDEN FRAGEN: WAS HAT DICH DAZU BEWOGEN, DIESES BUCH ZU KAUFEN? WELCHE HOFFNUNG VERBINDEST DU DAMIT? NOTIERE DEINE ANTWORTEN.

ÜBUNG

TAG 2

VERSUCHE EINZUSCHÄTZEN, WIE VIEL ZEIT DU IM SCHNITT PRO WOCHE MIT DEINEM SMARTPHONE VERBRINGST (ODER DEM DIGITALEN GERÄT ODER MEDIUM, DAS DU WENIGER NUTZEN WILLST). TRAGE DEINE SCHÄTZUNG HIER EIN.

ICH BENUTZE CA. .... STUNDEN PRO WOCHE MEIN HANDY.

IMPULS

TAG 3

LADE DIR EINE APP AUF DEIN SMARTPHONE, MIT DER DU MINDESTENS DIE NÄCHSTEN ZEHN WOCHEN DIE NUTZUNG DEINES HANDYS INSGESAMT SOWIE DIE EINZELNER APPS TRACKST. ENTSPRECHENDE EMPFEHLUNGEN FINDEST DU IM ANHANG AUF SEITE 92. MACHE DICH MIT DER FUNKTIONSWEISE DER TRACKING-APP VERTRAUT UND RICHTE SIE SO EIN, DASS SIE AB SOFORT DEINE NUTZUNG PROTOKOLLIERT. NUR SO KANNST DU FESTSTELLEN, OB DU DEIN HANDY IM LAUFE DER ZEIT TATSÄCHLICH WENIGER BENUTZT.

CHALLENGE

TAG 4

HEUTE LADE ICH DICH ZU EINER KLEINEN WAHRNEHMUNGSÜBUNG EIN: SUCHE DIR EINEN ORT, AN DEM DU UNGESTÖRT BIST. SETZE DICH AUFRECHT UND ENTSPANNT HIN UND ATME EINIGE MALE BEWUSST TIEF EIN UND AUS. DENKE DANN AN DEINE JETZIGE DIGITALE NUTZUNG UND SPÜRE IN DICH HINEIN. WAS EMPFINDEST DU, WENN DU AN HANDY, E-MAILS, WHATSAPP, SOCIAL MEDIA ETC. DENKST? WELCHE REAKTIONEN ZEIGT DIR DEIN KÖRPER? WO MACHT SICH ETWAS BEMERKBAR UND WIE?

ACHTE DANACH AUF DEINE GEDANKEN UND GEFÜHLE. LASSE ALLE KOMMEN UND GEHEN UND BEWERTE SIE NICHT. ES GIBT KEIN RICHTIG ODER FALSCH. NOTIERE SPÄTER DEINE EINDRÜCKE.

....

....

....

....

....

....

ÜBUNG

TAG 5

HEUTE BITTE ICH DICH UM DEIN COMMITMENT. FORMULIERE VON HAND EINEN KURZEN VERTRAG, DEN DU MIT DIR SELBST SCHLIESST. UNTERSCHREIBE IHN UND PLATZIERE IHN AN EINEM ORT, DEN DU JEDEN TAG SIEHST. SO KÖNNTE ER AUSSEHEN:

Ich, (dein Name), verspreche mir selbst, dass ich jeden Tag einen Teil meiner Zeit den Aufgaben in diesem Buch widme. Das, was mir hilft und gut tut, baue ich in meinen Alltag ein. Das, was nicht so gut klappt, wiederhole ich, wandele ich ab oder überlege mir, warum es nicht klappt. Rückschritte oder schiefe Blicke anderer lassen mich nicht an meinem Vorhaben zweifeln. Ich gebe mein Bestes, damit ich mein Ziel erreiche, bewusster mit digitalen Medien umzugehen und mehr Zeit zum Leben zu haben.

(Unterschrift)

IMPULS

TAG 6

ENTSCHEIDE, OB DU FREUNDEN, FAMILIE ODER KOLLEGEN VON DEINEM VORHABEN ERZÄHLST. DU KENNST DICH SELBST AM BESTEN: MOTIVIERT DICH SOZIALE KONTROLLE – ODER BLOCKIERT DICH DER DRUCK VON AUSSEN? MEINE EMPFEHLUNG: WEIHE AUF JEDEN FALL MENSCHEN EIN, DIE DICH AUFBAUEN, WENN DU AUFGEBEN WILLST. VIELLEICHT FINDEST DU JA SOGAR JEMANDEN, DER MITMACHEN WILL? UMSO BESSER!

CHALLENGE

TAG 7

WÄHLE EINEN RAUM IN DEINEM ZUHAUSE AUS, IN DEM DU KÜNFTIG KEIN HANDY MEHR BENUTZEN WIRST. GESTALTE EIN SCHILD, DAS DU ZUM BEISPIEL AN DER TÜR ZU DIESEM RAUM ANBRINGST, UM DICH AN DIE HANDYFREIE ZONE ZU ERINNERN. BAUE DIESE ZONEN IM LAUFE DER ZEIT AUS.

IMPULS

TAG 8

IN ZUKUNFT WIRST DU OFT OHNE SMARTPHONE UNTERWEGS SEIN. FALLS DU DESHALB WIE ICH SICHERHEITSBEDENKEN HAST, BESORGE DIR EIN NOTFALLHANDY. DU KANNST EIN ALTES HANDY NUTZEN ODER DIR EIN GEBRAUCHTES IM NETZ KAUFEN. ES SOLLTE NATÜRLICH KEIN SMARTPHONE SEIN. ACHTE AUF EINEN FUNKTIONSTÜCHTIGEN AKKU UND KAUFE DIR EINE PREPAIDKARTE. SPEICHERE ALLE NOTFALLNUMMERN EIN. DANN KANNST DU ES AB SOFORT – AUSGESCHALTET – ALS BACKUP MITNEHMEN, WENN DU DEIN SMARTPHONE ZU HAUSE LÄSST.

CHALLENGE

TAG 9

DEAKTIVIERE ALLE APP-BENACHRICHTIGUNGEN AM SMARTPHONE – ZUM BEISPIEL VON E-MAILS, WHATSAPP, FACEBOOK, INSTAGRAM, TWITTER, PINTEREST, XING, EBAY, AMAZON ETC. SIE VERFÜHREN DICH DAZU, STÄNDIG AUFS HANDY ZU SCHAUEN UND SORGEN MIT DIESEN UNTERBRECHUNGEN DAFÜR, DASS DU DICH NICHT RICHTIG KONZENTRIEREN KANNST. AUF SEITE 92 FINDEST DU TIPPS ZUM DEAKTIVIEREN.

ZITAT

TAG 10

„EINES IST SICHER:
KEIN MENSCH
WÜNSCHT SICH
AUF DEM TOTENBETT,
ER HÄTTE MEHR E-MAILS
GESCHRIEBEN, MEHR ZEIT
MIT SEINEM HANDY VERDADDELT,
MEHR GESURFT,
GEPOSTET UND GELIKT.“

ANITRA EGGLER

IMPULS

TAG 11

REALITYCHECK! DU HAST DEINE HANDYNUTZUNG FÜR DIE ERSTE WOCHE AUFGEZEICHNET. TRAGE NUN DAS TATSÄCHLICHE ERGEBNIS EIN UND VERGLEICHE ES MIT DEINER SCHÄTZUNG VON TAG 2. HATTEST DU DEN RICHTIGEN RIECHER? ODER LAGST DU VOLL DANEBEN? NOTIERE DIR DEINE GEDANKEN DAZU.

ICH BENUTZE MEIN HANDY TATSÄCHLICH .... STUNDEN PRO WOCHE.

....

....

....

....

....

TRACK DEN FORTSCHRITT

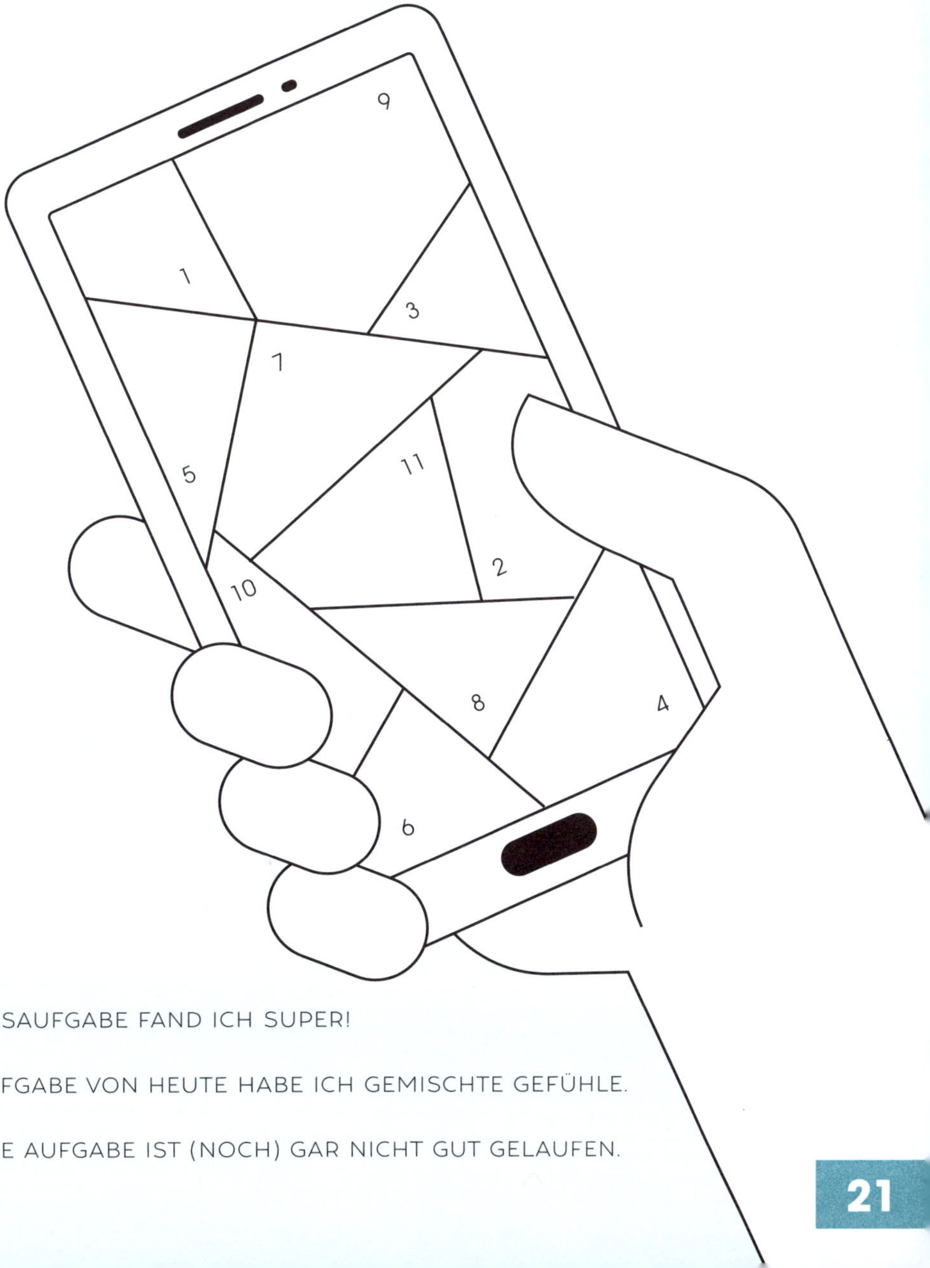

☐ DIESE TAGESAUFGABE FAND ICH SUPER!

☐ BEI DER AUFGABE VON HEUTE HABE ICH GEMISCHTE GEFÜHLE.

☐ DIE HEUTIGE AUFGABE IST (NOCH) GAR NICHT GUT GELAUFEN.

KNOW HOW

Du bist ein digitaler Junkie? Finde es heraus!

Süchtig. Das klingt viel zu dramatisch, findest du? Das sehen Experten anders. Genau wie Fast-Food-Ketten es gerne sähen, dass wir nur noch Burger futtern, haben auch viele Medienkonzerne das Ziel, uns abhängig zu machen. Mit Erfolg: Viele von uns können den Verlockungen von Smartphone oder Social Media nicht widerstehen. Sie sind längst digitale Junkies.

Es wäre aber zu einfach, die Schuld allein bei Apple, Facebook & Co. zu suchen. Jeder ist für sich selbst verantwortlich. Wenn du dich also fragst, ob auch du abhängig bist, ist das zunächst einmal ein wichtiger Schritt, weil es zeigt, dass du den Mut hast, dich dem Thema Sucht zu stellen. Die Krux ist nur: Deine Frage lässt sich nicht so einfach beantworten. Klar, je mehr Zeit du mit dem Smartphone verbringst, desto größer ist die Wahrscheinlichkeit, dass die Antwort „Ja" lautet. Aufschlussreicher sind aber dein Verhalten und deine Gefühle.

Damit du weißt, was typische Anzeichen für eine digitale Sucht sein können, skizziere ich dir mal den Alltag eines „Smombies" – der Begriff setzt sich aus Smartphone und Zombie zusammen. Der Smombie schaut morgens als Erstes aufs Handy, um E-Mails, Nachrichten oder Social Media zu checken. Er nimmt es mit ins Bad, vergisst darüber die Zeit und macht sich in Windeseile fertig. Während er an der Haltestelle wartet, postet er, in der Hoffnung auf viele Likes, ein Bild. Auf der Fahrt regt er sich auf, wenn der Empfang weg ist. Es ist ihm wichtig, immer erreichbar zu sein. Darum sind ein leerer Akku oder ein zu Hause vergessenes Handy der pure Horror für ihn.

Im Büro legt er es auf den Schreibtisch und schaut bei jeder Benachrichtigung nach, was es von ihm will. Auf Nachrichten reagiert er beinahe immer sofort und wartet ungeduldig auf Antworten. Bleibt das Handy stumm, kontrolliert er es trotzdem.

Das alles führt dazu, dass er sich kaum noch auf eine Sache konzentrieren kann. Er macht alles gleichzeitig und es fällt ihm schwer, richtig zuzuhören. Nach Feierabend hat er das Gefühl, nichts geschafft zu haben. Er wünscht sich weniger Stress und mehr Zeit für sich, Hobbys, Familie und Freunde. In Gesellschaft schaut er dennoch dauernd auf sein Handy – aus Angst, etwas zu verpassen. Er liebt seine Serien, kann aber der Handlung oft nicht folgen, weil er noch schnell etwas googlen, auf Tinder reinschauen oder Jobmails bearbeiten muss. Spätestens im Bett spürt er den verspannten Nacken und die schmerzenden Hände. Das hält ihn aber nicht davon ab, einen letzten Blick auf das Gerät zu werfen, das ihn den ganzen Tag überallhin begleitet – und mit dem er nachts erfolglos gegen die Schlaflosigkeit kämpft …

Hast du dich an der einen oder anderen Stelle wiedererkannt? Glaube mir, als ich anfing, mich zu beobachten, war ich entsetzt. Wenn wir diese Symptome mit gesundem Menschenverstand betrachten, erscheinen sie absurd. Es ist die Macht der Gewohnheit, die uns diese Dinge tun lässt. Unbewusst. Und wenn wir keine Kontrolle mehr über diese Gewohnheiten haben, sie nicht mehr „abstellen" können, deutet das auf eine Sucht hin. Aber keine Panik: Du kannst sie in den Griff kriegen!

CHALLENGE

TAG 12

DU WEISST JETZT, WIE VIEL ZEIT DU WIRKLICH AN DEINEM HANDY VERBRINGST. AUCH WENN DIESE ZEIT NICHT DER EINZIGE MASSSTAB FÜR EINE ABHÄNGIGKEIT IST – SETZE DIR EIN KONKRETES ZIEL. TRAGE HIER EIN, WIE VIEL ZEIT DU AM ENDE DER 66 TAGE NOCH MIT DEINEM HANDY VERBRINGEN WILLST. WÄHLE EINE ZEITANGABE, DIE SICH MACHBAR ANFÜHLT, ABER NICHT ZU LEICHT ZU ERREICHEN IST. ÜBERLEGE DIR AUCH EINE GROSSE BELOHNUNG FÜR DAS ERREICHEN DEINES ZIELS UND – FALLS ES DICH MOTIVIERT – EINE STRAFE, WENN DU ES NICHT SCHAFFEN SOLLTEST.

MEIN GROSSES ZIEL:

.... **STUNDEN PRO WOCHE FÜR DIE HANDYNUTZUNG.**

WENN ICH MEIN ZIEL ERREICHE, WERDE ICH

....

....

WENN ICH MEIN ZIEL NICHT ERREICHE, WERDE ICH

....

....

ÜBUNG

TAG 13

HEUTE GEHT ES DARUM, DEINE KÜNFTIGEN ERFOLGE IN SACHEN HANDYNUTZUNG & CO. ZU VISUALISIEREN. WENN DU HEUTE INS BETT GEHST, STELLE DIR KURZ VOR DEM EINSCHLAFEN VOR, WIE ES AUSSEHEN UND WIE ES SICH ANFÜHLEN KÖNNTE, WENN DU DEIN ZIEL ERREICHST. WENN DU SELBSTBESTIMMT UND ENTSPANNT MIT HANDY & CO. UMGEHST UND KEINE ANGST MEHR HAST, ETWAS ZU VERPASSEN ODER ABGELEHNT ZU WERDEN. WENN DU DIE FREIE ZEIT FÜR DIE MENSCHEN UND DINGE NUTZEN KANNST, DIE DIR WIRKLICH WICHTIG SIND. STELLE DIR ALL DIE POSITIVEN ASPEKTE VOR, NIMM DIE GEFÜHLE WAHR, DIE DU DAMIT VERBINDEST UND NOTIERE DEINE EINDRÜCKE MORGEN NACH DEM AUFWACHEN.

....

....

....

....

....

....

IMPULS

TAG 14

RICHTE EINE KOMPLIZIERTE BILDSCHIRM-SPERRE AUF DEINEM SMARTPHONE EIN. SIE SCHÜTZT NICHT NUR DEINE PRIVAT-SPHÄRE, SONDERN HEMMT DICH AUCH, STÄNDIG „NUR MAL SCHNELL“ ETWAS NACHZUSEHEN. ÄNDERE DAZU DEINEN SPERRCODE IN EINE LÄNGERE ODER KOMPLIZIERTE ZEICHENFOLGE. SIE MUSS NICHT SCHWER ZU MERKEN, SONDERN NUR UMSTÄNDLICH ZU TIPPEN SEIN. STELLE DIE SPERRE DANN SO EIN, DASS SIE MÖGLICHST SCHNELL GREIFT. SO KANNST DU DEN SPERRCODE ZUR „ENT-WÖHNUNG“ NUTZEN.

CHALLENGE

TAG 15

BAUE EINE FESTE BEWEGUNGSEINHEIT IN DEINEN ALLTAG EIN. DAS KÖNNEN EIN PAAR KÖRPERÜBUNGEN WIE ZUM BEISPIEL YOGA, EINE TANZEINLAGE, EIN SPAZIERGANG ODER EINE SPORTEINHEIT SEIN. ÜBE DIESE BEWEGUNGSEINHEIT AN MINDESTENS FÜNF TAGEN PRO WOCHE ZU EINEM FESTEN ZEITPUNKT AUS – ZUM BEISPIEL IN DER MITTAGSPAUSE, DIREKT NACH FEIERABEND ODER VOR DEM SCHLAFENGEHEN. TIPPS, WAS DU BEISPIELSWEISE GEGEN EINEN VERSPANNTEN „HANDYNACKEN“ TUN KANNST, FINDEST DU IM ANHANG AUF SEITE 92.

MEINE KÜNFTIGEN BEWEGUNGSEINHEITEN:

....

....

....

....

IMPULS

TAG 16

WELCHE DEINER HOBBYS UND INTERESSEN SIND ZULETZT ZU KURZ GEKOMMEN? ODER WILLST DU SCHON LANGE ETWAS NEUES AUSPROBIEREN? HIER IST PLATZ FÜR SECHS HANDYFREIE AKTIVITÄTEN, FÜR DIE DU DIR IN DEN NÄCHSTEN WOCHEN ZEIT NEHMEN KANNST.

1. ....
2. ....
3. ....
4. ....
5. ....
6. ....

ZITAT

TAG 17

„WHEN YOU KNOW YOUR WHY, YOU'LL KNOW YOUR WAY."

MICHAEL HYATT

ÜBUNG

TAG 18

DU HAST EINE WEITERE WOCHE DEINE HANDYNUTZUNG PROTOKOLLIERT. WIE HAT SIE SICH ENTWICKELT? HALTE AB JETZT JEDE WOCHE AUF DIESER SEITE DEINE FORT- UND AUCH EVENTUELLEN RÜCKSCHRITTE – DIE IMMER MAL VORKOMMEN KÖNNEN – FEST. ÜBERLEGE DIR AUSSERDEM FÜR DEINE WÖCHENTLICHEN FORTSCHRITTE EINE KLEINE BELOHNUNG.

MEINE TATSÄCHLICHE HANDYNUTZUNG IN STUNDEN PRO WOCHE:

WOCHE 1	....	**WOCHE 6**	....
WOCHE 2	....	**WOCHE 7**	....
WOCHE 3	....	**WOCHE 8**	....
WOCHE 4	....	**WOCHE 9**	....
WOCHE 5	....	**WOCHE 10**	....

MEIN ZIEL: .... **STD. PRO WOCHE**

IMPULS

TAG 19

FÜR VIELE IST ES EINE WICHTIGE FUNKTION DES HANDYS: DIE UHRZEIT ABLESEN ZU KÖNNEN. DOCH MEIST BLEIBT ES NICHT DABEI. WENN DU ALSO OFT AM HANDY NACH DER UHRZEIT SCHAUST, LEGE DIR HEUTE LIEBER EINE SCHÖNE ARMBANDUHR ODER EINE TISCH- BZW. WANDUHR ZU. NUTZT DU DAS HANDY ALS WECKER, BESORGE DIR EINE UHR MIT WECKFUNKTION FÜR DEINEN NACHTTISCH.

ÜBUNG

TAG 20

WENN DU HEUTE ETWAS INTERESSANTES ODER SCHÖNES SIEHST, DAS DU AM LIEBSTEN FOTOGRAFIEREN UND POSTEN MÖCHTEST, VERZICHTE DARAUF UND ERZÄHLE STATTDESSEN EINEM LIEBEN MENSCHEN DAVON. SEI GESPANNT AUF DIE REAKTION.

CHALLENGE

TAG 21

DEINSTALLIERE HEUTE ALLE APPS,
A) DIE DU SEIT EWIGKEITEN NICHT BENUTZT HAST,
B) DIE DICH DIE MEISTE ZEIT NERVEN,
C) VON DENEN DU MEHRERE MIT DERSELBEN FUNKTION HAST (WETTER, NEWS ETC.).

HAT EINE WEBSITE DIE GLEICHE FUNKTIONALITÄT WIE DIE DAZUGEHÖRIGE APP, DEINSTALLIERE DIE APP, BENUTZE AB SOFORT NUR NOCH DIE WEBSITE UND LOGGE DICH NACH JEDEM BESUCH AUS. SO IST ES FÜR DICH AUFWÄNDIGER, „MAL SCHNELL" ETWAS NACHZUGUCKEN.

IMPULS

TAG 22

SUCHE IN DEINEM ZUHAUSE EINEN FESTEN, GESCHLOSSENEN PLATZ. DAS KANN EINE BOX IN EINEM REGAL ODER EINE SCHUBLADE SEIN. AN DIESEM PLATZ „PARKST“ DU – UND VIELLEICHT AUCH DEIN(E) PARTNER(IN) ODER FAMILIENMITGLIEDER – IN ZUKUNFT DAS SMARTPHONE, WENN ES AUS DEINEM SICHTFELD VERSCHWINDEN SOLL.

TRACK DEN FORTSCHRITT

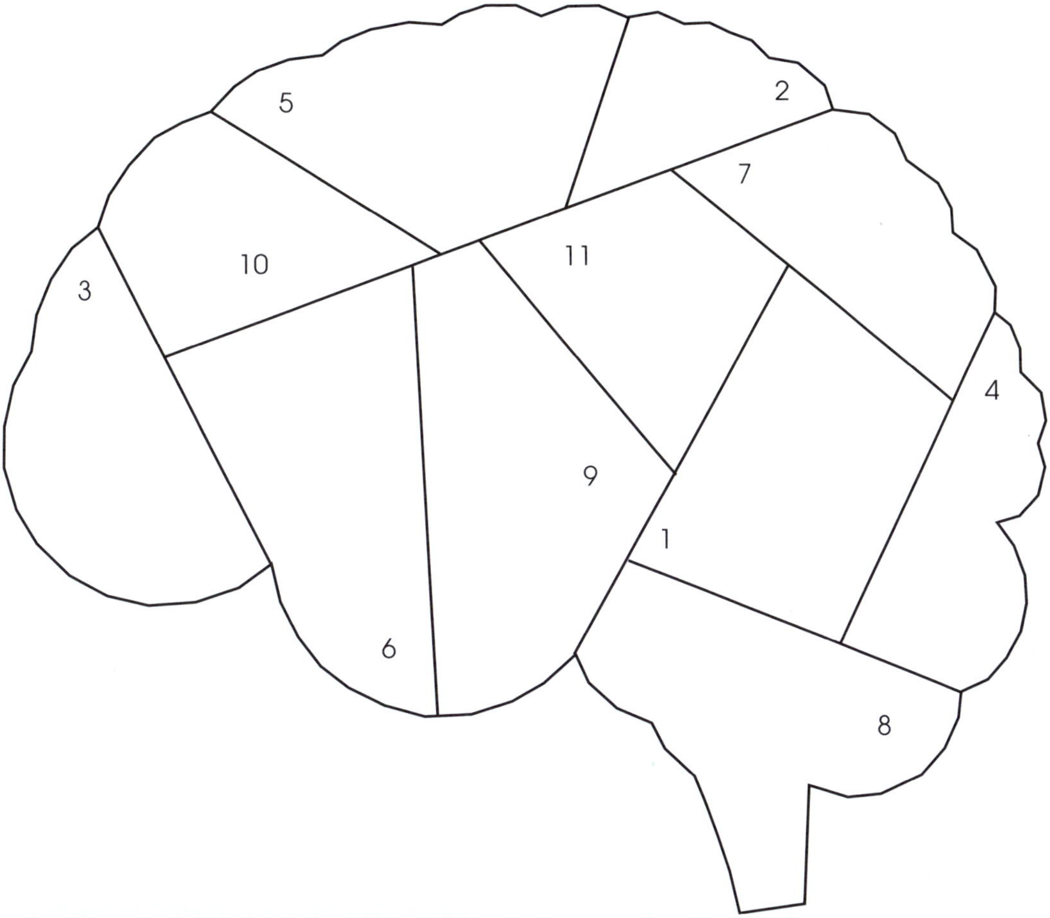

- [ ] DIESE TAGESAUFGABE FAND ICH SUPER!
- [ ] BEI DER AUFGABE VON HEUTE HABE ICH GEMISCHTE GEFÜHLE.
- [ ] DIE HEUTIGE AUFGABE IST (NOCH) GAR NICHT GUT GELAUFEN.

KNOW HOW

Hey Handy, her mit den Glücksgefühlen!

Was haben ein einarmiger Bandit und ein Smartphone gemeinsam? Ihrem Nutzer winkt eine Belohnung - aber nur vielleicht. Doch das ist egal. Allein schon die Aussicht auf einen möglichen Gewinn sorgt für Aufregung. Warum? Wissenschaftler haben herausgefunden, dass uns zufällige Belohnungen, so genannte „Random Rewards", noch mehr reizen als sichere Belohnungen. Noch bevor das Spielergebnis feststeht, fluten bereits körpereigene Botenstoffe wie Dopamin das Gehirn und erzeugen Glücksgefühle.

Übertragen aufs Handy heißt das: Jedes Blinken, jede E-Mail, jede Social-Media-Benachrichtigung kann für uns vielleicht ein Glücksfall sein. Darum meinen wir, immerzu aufs Handy schauen zu müssen. Allein die Hoffnung, dass etwas Schönes auf uns warten könnte, sorgt dafür, dass in unserem Gehirn Dopamin ausgeschüttet wird. Dopamin ist ein Neurotransmitter, der – vereinfacht gesagt – glücklich macht. Zumindest für den Moment. Ähnliche Glücksgefühle empfinden wir, wenn wir in Schokolade beißen oder uns beim Sport auspowern. Aber auch, wenn wir Gewohnheiten leben. Denn eine Gewohnheit besteht aus einem Reiz, der eine im Hirn gespeicherte Routine mit einer anschließenden Belohnung auslöst.

Das Smartphone ist die reinste Dopaminschleuder. Es ist absichtlich so konzipiert, dass es uns ständig mit vielfältigsten Anreizen versorgt, die uns schon vor der eventuellen Belohnung in Euphorie versetzen und entsprechende Routinen ablaufen lassen.

Was ist daran schlimm? Es ist doch ganz normal, sich glücklich

fühlen zu wollen, oder? Klar, nur ist es gerade beim Handy so, dass das Glücksgefühl schnell und ohne Anstrengung entsteht und ebenso schnell wieder verfliegt. Deshalb fordern wir es mit der Zeit immer häufiger ein, um wieder in diesen „Rauschzustand" zu kommen. So entwickeln wir eine Art Sucht danach.

Wir sind also streng genommen nicht süchtig nach dem Gerät oder den Inhalten, auf die wir zugreifen, sondern nach den Gefühlen, die es auslöst. Darum lässt sich das Smartphone durchaus mit einem Dealer vergleichen – einem äußerst variantenreichen Dealer für Glücksgefühle.

Und während wir immer mehr „Stoff" brauchen, um „high" zu werden, stumpfen wir gegenüber natürlichen Glücksgefühl-Lieferanten allmählich ab. Das Lachen eines Kindes, ein atemberaubender Himmel, eine liebe Geste ... all das kickt uns nicht mehr richtig.

Deshalb ist es so wichtig, dass wir wieder ein sachlicheres Verhältnis zum Handy und zu digitalen Medien entwickeln. Damit wir uns an unserem echten, realen Leben wieder mehr erfreuen, es wertschätzen und zur Ruhe kommen können. Dann reizt uns Digitales auch weniger.

Aber Vorsicht: Mit Handysucht verhält es sich ähnlich wie mit anderen Süchten. Es kann leicht passieren, dass wir wieder in alte Gewohnheitsmuster zurückfallen. Beobachte dich also und bleibe auch in Zukunft achtsam, was deinen digitalen Konsum angeht.

CHALLENGE

TAG 23

MACHE AB SOFORT IMMER DANN, WENN DU OHNE WICHTIGEN ANLASS ZUM HANDY GREIFEN WILLST, ETWAS ANDERES, DAS DIR GUT TUT. HIER SIND EIN PAAR VORSCHLÄGE:

- SCHREIBE DEINE GEDANKEN IN EIN SCHÖNES NOTIZ- ODER TAGEBUCH.
- LIES EIN PAAR SEITEN IN DEINEM LIEBLINGSBUCH.
- HÖRE DEINE LIEBLINGSMUSIK UND TANZE DAZU.
- MALE ODER BASTLE.
- ATME MEHRERE MALE BEWUSST TIEF EIN UND AUS.
- WIDME DICH DEINEM HAUSTIER.
- RUFE ÜBERS FESTNETZ EINEN LIEBEN MENSCHEN AN ODER TRIFF DICH MIT IHM/IHR.
- ISS EIN STÜCK OBST.

ES GIBT VIELE MÖGLICHKEITEN, DEINER SEELE ETWAS GUTES ZU TUN. WIEDERHOLE SIE UND GEWÖHNE DICH AN DIE DINGE, DIE AM BESTEN FÜR DICH FUNKTIONIEREN.

IMPULS

TAG 24

SCHAUE DIR DEN VERANSTALTUNGSKALENDER DEINER REGION AN UND SUCHE FÜR DIE NÄCHSTEN WOCHEN DREI EVENTS AUS, DIE DU BESUCHEN MÖCHTEST. NOTIERE DIE TERMINE HIER UND IN DEINEM TERMINKALENDER. FREUST DU DICH SCHON?

DA MÖCHTE ICH GERNE HIN:

1. ....

....

2. ....

....

3. ....

....

CHALLENGE

TAG 25

DU MUSST WARTEN? KEIN PROBLEM. LASSE DEIN HANDY AB HEUTE IN DER TASCHE UND HALTE DIESE WARTEZEIT BEWUSST AUS. DU KANNST STATTDESSEN DIE UMGEBUNG BEOBACHTEN, DICH AUF DEINEN ATEM KONZENTRIEREN ODER MIT MENSCHEN IN KONTAKT KOMMEN.

ERINNERUNG: CHECKE DIE APP UND TRAGE DEINE HANDYZEIT FÜR DIE VERGANGENE WOCHE AUF SEITE 30 EIN.

ÜBUNG

TAG 26

STELLE AB SOFORT ZUMINDEST DEIN PRIVATES SMARTPHONE LAUTLOS ODER IN DEN NICHT-STÖREN-MODUS OHNE VIBRATION. AKTIVIERE DEN KLINGELTON NUR NOCH DANN, WENN DU EINEN WICHTIGEN ANRUF ERWARTEST. GIB WICHTIGEN PERSONEN FÜR NOTFÄLLE DEINE FESTNETZNUMMER UND DIE NUMMER, AUF DER DU WÄHREND DER ARBEIT ERREICHBAR BIST.

IMPULS

TAG 27

ICH FINDE MUSIK UNGLAUBLICH MOTIVIEREND! GEHT ES DIR AUCH SO? ERSTELLE EINE POSITIVE-ENERGIE-PLAYLIST FÜR DIE KOMMENDEN WOCHEN. SORGE DAFÜR, DASS DU SIE OFFLINE HÖREN KANNST. AM BESTEN NICHT MIT DEINEM HANDY, SONDERN MIT DEINEM – VIELLEICHT SCHON AUSGEMUSTERTEN? – MP3-PLAYER. ODER BRENNE DIR EINE CD FÜRS AUTO ODER DIE MUSIKANLAGE. LASSE DIE SONGS LAUFEN, WENN DU EINEN MOTIVATIONSSCHUB BRAUCHST.

CHALLENGE

TAG 28

GEHE HEUTE EINIGE STUNDEN OHNE SMARTPHONE AUS DEM HAUS UND SPÜRE IN DICH HINEIN, WAS DAS MIT DIR MACHT. MEINE TÄGLICHEN SPAZIERGÄNGE MIT DEM HUND SIND IMMER SMARTPHONEFREI. EBENSO WIE MEINE MAHLZEITEN ODER GESPRÄCHE. WELCHE ZEITEN ODER ANLÄSSE KANNST UND WILLST DU KÜNFTIG OFFLINE UND OHNE HANDY ERLEBEN? EXPERIMENTIERE UND SCHREIBE SIE DANN AUF.

IN ZUKUNFT VERZICHTE ICH AUFS HANDY, WENN ICH FOLGENDES MACHE:

....

....

....

....

ÜBUNG

TAG 29

FALLS DU AM HANDY E-MAILS CHECKST, STELLE DEN ABRUF SO EIN, DASS ER NICHT MEHR AUTO-MATISCH ALLE PAAR MINUTEN ERFOLGT, SONDERN NUR NOCH MANUELL – WENN DU DICH ALSO BEWUSST DAFÜR ENTSCHEIDEST, WEIL DU ZEIT DAFÜR HAST. JOB-MAILS RUFST DU AB SOFORT NACH FEIERABEND GAR NICHT MEHR AB. ARBEITE NUR DANN, WENN DU DAFÜR BEZAHLT WIRST. ALLES ANDERE IST AUSBEUTUNG.

ZITAT

TAG 30

„WE TAKE **BETTER CARE** OF OUR SMARTPHONES THAN WE DO OF OURSELVES."

ARIANNA HUFFINGTON

IMPULS

TAG 31

FÜHRE EINEN FESTEN ABEND PRO WOCHE FÜR ANALOGE AKTIVITÄTEN EIN. DU KANNST BASTELN, STRICKEN, PUZZELN, SPIELEN, LESEN, KOCHEN ... WAS DIR LIEB IST – HAUPTSACHE, ES IST KEIN BILDSCHIRM INVOLVIERT. NOTIERE DEN WOCHENTAG HIER:

MEIN FESTER ANALOGER ABEND IST DER ....

CHALLENGE

TAG 32

BIST DU OFT MIT BUS UND BAHN UNTERWEGS? VERZICHTE AB JETZT DABEI AUF DEIN SMARTPHONE UND BESORGE DIR EIN TOLLES BUCH ODER EIN MAGAZIN, DAS DU WÄHREND DER FAHRT LESEN KANNST. DU KANNST AUCH ZUM FENSTER HINAUSSCHAUEN UND DIE GEGEND (NEU) ENTDECKEN.

ERINNERUNG: CHECKE DIE APP UND TRAGE DEINE HANDYZEIT FÜR DIE VERGANGENE WOCHE AUF SEITE 30 EIN.

ÜBUNG

TAG 33

WOW, SCHON HALBZEIT! ZIEHE EINE ZWISCHENBILANZ: WIE FÜHLST DU DICH MIT DEINEM DIGITAL-DETOX-ABENTEUER? WAS HAT SICH SCHON POSITIV VERÄNDERT UND WOMIT HADERST DU NOCH? WELCHE DREI AUFGABEN HABEN SICH BESONDERS BEWÄHRT, SODASS DU SIE DAUERHAFT IN DEIN LEBEN INTEGRIEREN WIRST? UND WELCHE DREI BEREITEN DIR NOCH SCHWIERIGKEITEN, ABER DU WILLST SIE WIEDERHOLEN? SCHREIBE SIE HIER AUF.

DIESE HILFREICHEN AUFGABEN MACHE ICH REGELMÄSSIG:

1. ....

2. ....

3. ....

DIESE AUFGABEN WIEDERHOLE ICH NOCHMAL:

1. ....

2. ....

3. ....

TRACK DEN FORTSCHRITT

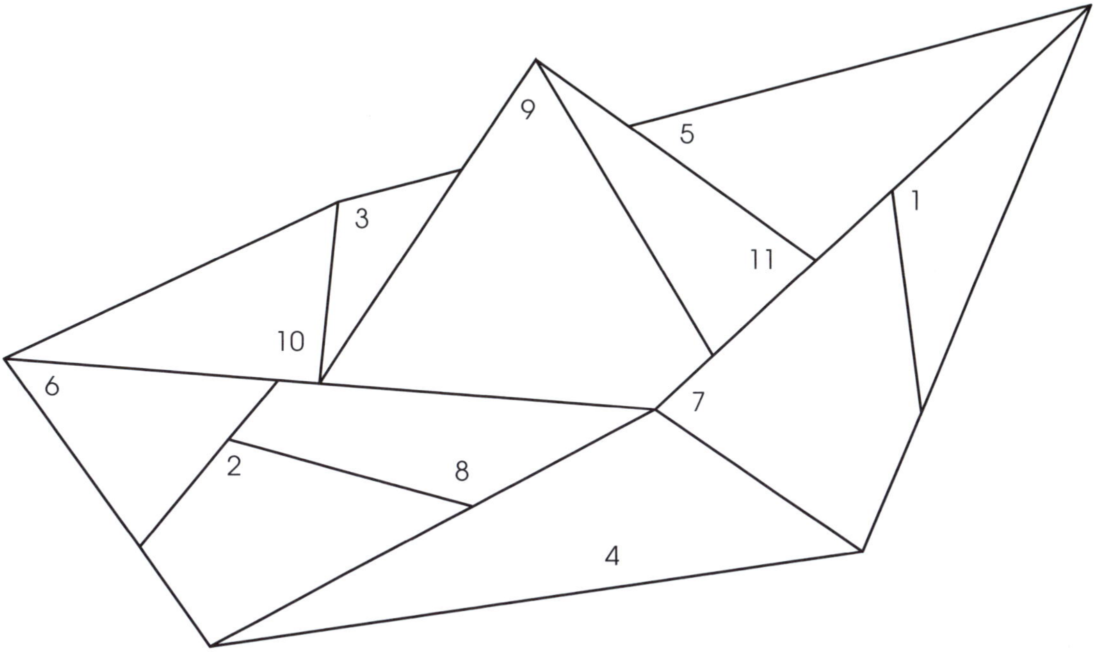

☐ DIESE TAGESAUFGABE FAND ICH SUPER!

☐ BEI DER AUFGABE VON HEUTE HABE ICH GEMISCHTE GEFÜHLE.

☐ DIE HEUTIGE AUFGABE IST (NOCH) GAR NICHT GUT GELAUFEN.

KNOW HOW

Vergiss Multitasking und fühle den Flow!

Neulich im Café sagte eine Freundin kichernd: „Frauen sind eben viel multitaskingfähiger als Männer!" Der eigentliche Witz dabei ist: Das stimmt nicht. Wenn du dich schon mal als multitaskingfähig bezeichnet hast, hast du – sicher unwissentlich – nicht die Wahrheit gesagt. Denn es ist wissenschaftlich erwiesen, dass unser Hirn gar nicht mehrere komplexe Aufgaben gleichzeitig ausführen kann.

Kennst du das, wenn der PC mit jedem Programm, das du öffnest, langsamer wird? So ähnlich geht es auch unserem Gehirn. Es kann sich maximal auf zwei umfassendere Aufgaben gleichzeitig konzentrieren, aber nicht auf beide mit voller Kraft. Sobald wir eine zweite Tätigkeit beginnen, schiebt unser Hirn die erste in eine Art Zwischenspeicher. Es wechselt also tatsächlich nur schnell hin und her.

Studien zeigen: Je mehr wir gleichzeitig tun, desto unkonzentrierter werden wir. Wir brauchen länger und machen häufiger Fehler. Es sei denn, wir tun nebenbei etwas, das wir sehr häufig machen. Über Gewohnheiten müssen wir nicht nachdenken. Um Energie zu sparen, hat das Gehirn sie als Routine abgespeichert und führt sie automatisch aus. Darum können wir zum Beispiel Auto fahren und – zumindest bei ruhigem Verkehr – den Radionachrichten folgen.

Geht es aber um kreative Denkarbeit, fokussierst du dich am besten nur auf eine Aufgabe. Erst, wenn du sie erledigt hast, startest du mit der nächsten. Permanent unterbrochen zu werden gibt uns nämlich das Gefühl, nichts ge-

schafft zu haben oder es eigentlich besser zu können.
Und das fühlt sich mies an. Viele Forscher sehen nicht umsonst einen Zusammenhang zwischen Digitalisierung und Depression beziehungsweise Burnout. Doch warum zieht uns das eigentlich so runter?
Ein Grund dafür ist: Wir kommen seltener in den „Flow“. Der Flow ist ein Zustand, bei dem wir in dem, was wir tun, völlig aufgehen. Wir achten nicht mehr auf die Zeit, sind total vertieft in unsere Aufgabe. Der Flow macht glücklich, er gibt uns das Gefühl, etwas Sinnvolles, Erfüllendes zu tun, voranzukommen. Doch um überhaupt in den Flow zu kommen, müssen wir uns mindestens eine Viertelstunde voll und ganz einer Sache gewidmet haben.
Wenn uns aber ständig etwas unterbricht – Smartphones sind Aufmerksamkeitsdiebe par excellence – gelingt uns das kaum noch. So werden wir selbst mit dem, was wir sehr gerne tun, unzufrieden.
Wir brauchen also dringend eine neue Arbeits- und auch Lebensphilosophie. Singletasking anstatt auf allen Hochzeiten gleichzeitig zu tanzen. Wenn du mit dem Handy beschäftigt bist, kannst du dich nicht voll auf etwas anderes konzentrieren. Auf deine Arbeit. Oder dein Kind. Oder eine Freundin, die dir gerne etwas erzählen möchte.
Darum: Setze Prioritäten. Schalte Störquellen aus und widme dich Menschen oder Dingen mit deiner ganzen Aufmerksamkeit. Und spüre, wie erfüllend das ist.

ÜBUNG

TAG 34

ÜBERLEGE DIR BEI ALLEN INFORMATIONS-QUELLEN – NEWSLETTER, BLOGS, SOCIAL-MEDIA-SEITEN, GRUPPEN, PODCASTS – WIE HOCH DEREN TATSÄCHLICHER NUTZEN FÜR DICH IST. STEHT ER IN EINEM GESUNDEN VERHÄLTNIS ZUM (ZEIT-)AUFWAND, DEN DU BETREIBEN MUSST, UM DIE INFORMATION ZU ERHALTEN?
WANN IMMER DU MERKST: DER MEHRWERT IST ZU GERING ODER MIT ZU HOHEM AUF-WAND VERBUNDEN, VERABSCHIEDE DICH VON DER QUELLE, INDEM DU SIE NICHT MEHR ABONNIERST ODER DEINE MITGLIEDSCHAFT BEENDEST. SO WIRD DEIN NEWSFEED KÜRZER, DEINE INBOX LEERER UND DU HAST MEHR ZEIT FÜR ANDERE DINGE. SETZE AUF DAS PRINZIP „QUALITÄT STATT QUANTITÄT“.

CHALLENGE

TAG 35

UNTERNIMM HEUTE EINEN AUSGEDEHNTEN SPAZIERGANG IN DER NATUR, AM BESTEN IM WALD. HABE ALLENFALLS DEIN AUSGESCHALTETES NOTFALLHANDY DABEI. GENIESSE DIE RUHE. GEHE BARFUSS ODER PFLÜGE DURCHS LAUB. LEHNE DICH AN EINEN BAUM UND SCHLIESSE DIE AUGEN. KONZENTRIERE DICH AUF DEINE SINNE: WAS HÖRST DU? WAS RIECHST DU? WIE FÜHLT SICH DIE RINDE UNTER DEINEN HÄNDEN AN? SPÜRST DU DEN BODEN UNTER DEINEN FÜSSEN? ATME TIEF DURCH UND VERSUCHE, DICH MIT DER NATUR ZU VERBINDEN. FÜHLST DU DIE ENTSPANNUNG? GEHE KÜNFTIG SO OFT WIE MÖGLICH RAUS.

ÜBUNG

TAG 36

LADE DEIN HANDY NICHT IN DEINER NÄHE, SONDERN IN EINEM ANDEREN RAUM AUF. BESCHÄFTIGE DICH IN DIESER ZEIT MIT ETWAS ANDEREM. BIST DU MEHR BEI DER SACHE UND KOMMST BESSER VORAN? PRIMA! DANN MACHE ES IN ZUKUNFT IMMER SO. GEHE EINEN SCHRITT WEITER UND LEGE ZUM BEISPIEL MIT KOLLEGEN AUF DER ARBEIT „STILLE STUNDEN“ FEST (SIEHE SEITE 92), IN DENEN IHR UNGESTÖRT ARBEITEN KÖNNT.

IMPULS

TAG 37

ÜBERDENKE DEN SINN DEINER DATEN-FLATRATE. EINE FLATRATE IST EINE WILLKOMMENE EINLADUNG ZUM STÄNDIGEN HANDYDADDELN. WENN DU WEISST, DASS DEIN DATENVOLUMEN BEGRENZT IST, GEHST DU ANDERS DAMIT UM. SCHAU NACH, WELCHE ANGEBOTE ES BEI DEINEM PROVIDER GIBT UND „DOWNGRADE", WENN MÖGLICH. SO SPARST DU GELD UND LEBENSZEIT.

ZITAT

TAG 38

„UND DANN MUSS MAN JA AUCH NOCH **ZEIT HABEN,** EINFACH DAZUSITZEN UND VOR SICH HIN ZU SCHAUEN."

ASTRID LINDGREN

CHALLENGE

TAG 39

TRUDELN BEI DIR DEN GANZEN TAG ÜBER E-MAILS EIN UND LENKEN DICH AB? ÜBERLEGE, WANN DU SIE BEARBEITEN MÖCHTEST. LEGE BESTIMMTE ZEITRÄUME DAFÜR FEST, BEISPIELSWEISE EINMAL VORMITTAGS, EINMAL NACHMITTAGS. HALTE DIESE ZEITRÄUME FÜR JEDEN ARBEITSTAG FREI UND SCHLIESSE IN DER ÜBRIGEN ZEIT DAS E-MAIL-PROGRAMM. INFORMIERE DEINE KOLLEGEN UND KUNDEN UND BITTE SIE, IN DRINGENDEN FÄLLEN ANZURUFEN.

ZUSATZTIPP: RICHTE IN DEINEM E-MAIL-PROGRAMM FILTER EIN, DIE E-MAILS JE NACH BETREFF ODER ABSENDER AUTOMATISCH IN VORHER FESTGELEGTE ORDNER EINSORTIEREN.

ERINNERUNG: CHECKE DIE APP UND TRAGE DEINE HANDYZEIT FÜR DIE VERGANGENE WOCHE AUF SEITE 30 EIN.

ÜBUNG

TAG 40

HANDY UND SCHLAFZIMMER – EINE VERHÄNGNISVOLLE AFFÄRE! AB HEUTE IST DIE LETZTE STUNDE VOR DEM SCHLAFENGEHEN FÜR DICH EINE HANDYFREIE ZEITZONE. UND: STELLE DEIN SMARTPHONE NACHTS IN ZUKUNFT AUF FLUG-MODUS ODER GANZ AB.

CHALLENGE

TAG 41

SETZE DIR MITHILFE DER TRACKING-APP AB SOFORT ZEITKONTINGENTE FÜR APPS UND NUTZE AM PC ODER NOTEBOOK EINE EIERUHR ODER EINEN WECKER, WENN DU ZUM BEISPIEL MIT SOCIAL MEDIA BESCHÄFTIGT BIST. NUTZE AUF FACEBOOK ODER YOUTUBE DIE FUNKTION „FÜR SPÄTER SPEICHERN“. SCHAUE DIR DIESE MERKLISTEN REGELMÄSSIG AN UND ENTFERNE ALLES, WAS DICH NICHT MEHR INTERESSIERT. WENN DU IM INTERNET RECHERCHIERST, SCHREIBE DIR DAS ZIEL DEINER RECHERCHE AUF – „WAS WILL ICH WISSEN?“ – UND SETZE DIR EIN ZEITLIMIT ZUM SUCHEN. FRAGE DICH BEI JEDEM KLICK, OB ER DICH NÄHER AN DEIN ZIEL BRINGT ODER WEITER WEG. VERLÄNGERE DAS ZEITLIMIT NUR DANN, WENN DU GAR KEINE ANTWORT GEFUNDEN HAST.

CHALLENGE

TAG 42

STARTE AB SOFORT OFFLINE IN DEN TAG. SCHALTE DEIN SMARTPHONE ERST DANN EIN, WENN DU DEINE MORGENROUTINEN WIE BAD, FRÜHSTÜCK, SPORT ODER ANDERES ERLEDIGT HAST. NOTIERE HIER MÖGLICHE BEDENKEN UND PRÜFE NACH EIN PAAR TAGEN, OB SIE TATSÄCHLICH EINGETRETEN SIND.

ÜBUNG

TAG 43

HAVE A BREAK! JE HÖHER DIE MEDIALE REIZÜBERFLUTUNG UND DER ANSPRUCH AN UNSERE LEISTUNGSFÄHIGKEIT, DESTO MEHR PAUSEN BENÖTIGT UNSER GEHIRN, UM ERLEBTES UND ERLERNTES ZU VERARBEITEN. MACHE AB HEUTE REGELMÄSSIGE HANDYFREIE PAUSEN. STEHE EINMAL PRO STUNDE AUF, UM DICH ZU LOCKERN UND ZU BEWEGEN. GEHE MEHRMALS AM TAG AN DIE FRISCHE LUFT. GÖNNE DIR JEDEN TAG MINDESTENS EINE VIERTELSTUNDE, IN DER DU „NICHTS“ TUST.

ÜBUNG

TAG 44

WENN DU HEUTE MIT JEMANDEM ETWAS BESPRECHEN WILLST, DANN SCHICKE DER PERSON KEINE NACHRICHT ODER E-MAIL, SONDERN RUFE SIE AN ODER TRIFF DICH MIT IHR. DAS SPART ZEIT, NERVEN UND DU HÄNGST WENIGER AM BILDSCHIRM. WENN ES NICHT AKUT IST, SCHREIBE EINEN BRIEF VON HAND UND SEI GESPANNT AUF DIE REAKTION.

TRACK DEN FORTSCHRITT

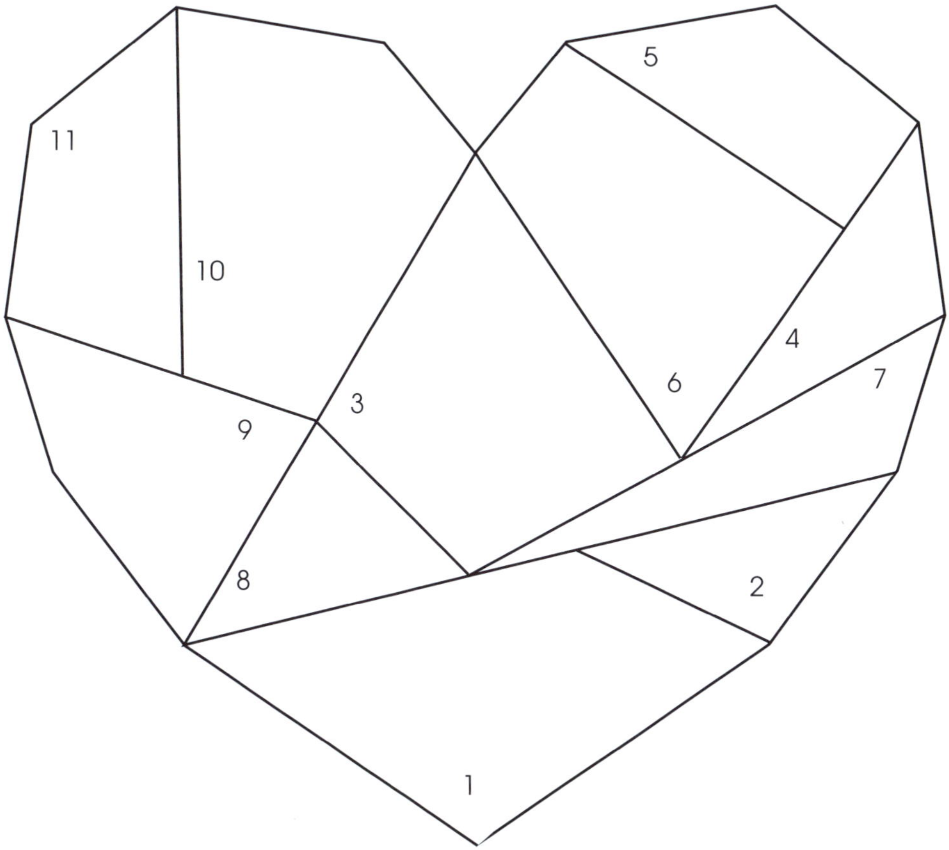

- [ ] DIESE TAGESAUFGABE FAND ICH SUPER!
- [ ] BEI DER AUFGABE VON HEUTE HABE ICH GEMISCHTE GEFÜHLE.
- [ ] DIE HEUTIGE AUFGABE IST (NOCH) GAR NICHT GUT GELAUFEN.

KNOW HOW

Du bist okay, auch wenn du (digitale) Grenzen setzt!

„Mann verlässt Frau wegen WhatsApp: Sie antwortete nicht schnell genug!" Was denkst du, wenn du diese Schlagzeile liest? Der Typ muss ja völlig gaga sein? Ja! Und warum tun wir trotzdem ständig Dinge, die wir angeblich tun „müssen", obwohl wir uns schlecht dabei fühlen? Ja, es gibt Dinge, die wir müssen: atmen zum Beispiel. Trinken. Essen. Aber eines müssen wir nicht: uns von Konzernen, Geräten oder Websites diktieren lassen, was wir zu tun haben.

Banal, ich weiß. Aber ich weiß auch, dass es nicht einfach ist, sich davon freizumachen. Warum fällt uns das so schwer? Wenn ich Menschen kennenlerne, die gegen digitale Verlockungen offenbar immun sind, haben sie meist eines gemeinsam: Sie machen ihren Wert nicht von der Aufmerksamkeit und der Anerkennung anderer abhängig. Sie sagen nein, setzen Grenzen und haben im echten Leben ein stabiles und wertschätzendes soziales Umfeld.

Darum unterwerfen sie sich nicht dem absurden Diktat von E-Mails, Messengern und Social Media. Sie bestimmen, ob, wann und wie sie reagieren und haben keine Angst vor Konsequenzen. Das heißt nicht, dass sie unverwundbar sind. Doch sie lassen sich nicht zum Sklaven einer Technologie machen, die das Leben erleichtern soll. Auch nicht von Menschen, die über diese Technologie mit ihnen kommunizieren. Sie leben ihr Recht auf Unerreichbarkeit.

Hast du Angst, dass Freunde dich weniger mögen, wenn du nicht sofort antwortest? Dass du alles Mögliche verpasst, wenn du nicht in jeder WhatsApp-Gruppe bist oder ständig deinen Feed

checkst? Bist du enttäuscht, weil dein Bild kaum Likes bekommt? Bearbeitest du nachts Jobmails, weil du sonst schlecht beim Chef dastehen könntest? Wenn dir das bekannt vorkommt, ist es Zeit, dich zu fragen: Lebst du dein Leben oder das Leben anderer?
Glaube mir, du bist nicht weniger wert, wenn du nicht immer das tust, was andere - angeblich - von dir erwarten! Im Gegenteil: Je mehr du dich nach anderen richtest, umso mehr verlierst du dich selbst.
Was dir fehlt? Selbstwertgefühl. Das ist kein esoterischer Firlefanz. Selbstliebe und Selbstwert haben großen Einfluss darauf, ob wir ein glückliches Leben führen. Mit Egoismus hat das nichts zu tun. Es bedeutet nur, dass du dir selbst bewusst wirst, deine Bedürfnisse erkennst und für sie einstehst. Weil du nur dann die beste Version deiner Selbst sein kannst.
Sag, willst du wirklich mit Menschen befreundet sein, die sauer sind, weil du dann antwortest, wenn du dich ihnen voll und ganz widmen kannst? Möchtest du für ein Unternehmen arbeiten, das Mitarbeitern keine Pausen gönnt? Wenn du keine Grenzen setzt, wundere dich nicht, wenn andere sie überschreiten. Du bist selbst dafür verantwortlich, ob du dich digital drangsalieren lässt.
Dieses Buch ist kein Selbstliebe-Ratgeber, aber ich lege dir einen ans Herz (siehe Seite 92 im Anhang), wenn du dich auf den Weg zu dir selbst machen willst. Denn auch wenn es ein langer Weg ist, so macht dich doch jeder Schritt zu einem freieren, selbstbestimmteren Menschen. Real und digital. Und das wünsche ich dir!

ÜBUNG

TAG 45

SETZE DICH ABENDS IN RUHE AUFS SOFA UND REKAPITULIERE DEN TAG: WAS HAST DU HEUTE DIGITAL ALLES GETAN, WAS DICH BEREICHERT UND WEITERGEBRACHT HAT? UND WAS HAST DU NUR GETAN, UM DIE ERWARTUNGEN ANDERER ZU ERFÜLLEN? WIE HAT SICH DAS ANGEFÜHLT? SCHREIBE DEINE GEFÜHLE AUF.

CHALLENGE

TAG 46

LASSE DEIN PRIVATES SMARTPHONE WÄHREND DEINER ARBEITSZEIT AB SOFORT IN DER TASCHE ODER LEGE ES KOMPLETT AUS DEINEM BLICKFELD. FÜR GANZ MUTIGE: LASSE ES AB HEUTE ZU HAUSE.

ERINNERUNG: CHECKE DIE APP UND TRAGE DEINE HANDYZEIT FÜR DIE VERGANGENE WOCHE AUF SEITE 30 EIN.

ÜBUNG

TAG 47

STELLE DIR VOR, DU WÜRDEST DEIN HANDY EINFACH ABSCHALTEN, WANN IMMER DU WILLST. ODER DEINEN FACEBOOK-ACCOUNT LÖSCHEN. ODER NACHRICHTEN NUR NOCH DANN BEANTWORTEN, WENN DIR DANACH IST. WELCHE GEDANKEN LÖST DAS BEI DIR AUS? WAS BEFÜRCHTEST DU? SCHREIBE DEINE BEDENKEN AUF.

....

....

....

....

....

....

CHALLENGE

TAG 48

DU HAST GESTERN DEINE ÄNGSTE AUFGESCHRIEBEN. FORMULIERE DARAUS SO GENANNTE GLAUBENSSÄTZE WIE „WENN ICH WENIGER AUF FACEBOOK BIN, VERPASSE ICH ALLES“ ODER „WENN ICH NICHT SOFORT ANTWORTE, SIND MEINE FREUNDE SAUER.“
UNTERSUCHE DIE EINZELNEN SÄTZE AUF IHREN TATSÄCHLICHEN WAHRHEITSGEHALT, INDEM DU SIE HINTERFRAGST. NOTIERE ZU JEDEM SATZ, WAS DAFÜR SPRICHT UND WAS DAGEGEN. FORMULIERE DAS GEGENTEIL WIE: „WENN ICH WENIGER AUF FACEBOOK BIN, VERPASSE ICH NICHTS“ UND ÜBERLEGE DIR ARGUMENTE, DIE DAFÜR SPRECHEN. MERKST DU SCHON, DASS DEINE BEFÜRCHTUNGEN VOR ALLEM IN DEINEM KOPF EXISTIEREN UND NICHT DER WAHRHEIT ENTSPRECHEN MÜSSEN?

....

....

....

....

....

CHALLENGE

TAG 49

FALLS DU BISHER NOCH NICHT MEDITIERT HAST, KANNST DU ES HEUTE AUSPROBIEREN. FÜR DEN ANFANG EMPFEHLE ICH DIR EINE GEFÜHRTE MEDITATION. LADE DIR EINE AUDIODATEI IM NETZ HERUNTER (SIEHE SEITE 92). FINDE EINE RUHIGE, GEMÜTLICHE UMGEBUNG, AKTIVIERE AM HANDY DEN FLUGMODUS – NOCH BESSER: STELLE ES AUS UND SPIELE DIE DATEI MIT EINEM ANDEREN GERÄT AB. LASSE DICH VON DER STIMME FÜHREN. WENN ES DIR GUT GETAN HAT ODER DU SCHON ÖFTER MEDITIERT HAST, BAUE FESTE MEDITATIONSTAGE IN DEINE WOCHE EIN.

ICH MEDITIERE JEDE WOCHE

AM ....

UND AM ....

ÜBUNG

TAG 50

ÜBERLEGE AB SOFORT VOR DEM ABSENDEN JEDER NACHRICHT, OB DU SIE SELBST SO EMPFANGEN WOLLEN WÜRDEST, AUCH ZU DIESEM ZEITPUNKT. IST DIE ANTWORT „NEIN“, ÄNDERE ODER LÖSCHE SIE. VERSENDEST DU E-MAILS, ÜBERLEGE, OB DU WIRKLICH JEMANDEN IN CC ODER GAR BCC SETZEN MUSST. FORMULIERE BETREFFZEILEN, DIE KLAR AUSDRÜCKEN, WAS DU VOM EMPFÄNGER MÖCHTEST UND WANN DU EINE ANTWORT BRAUCHST. KOMMUNIZIERE NUR, WENN DU WIRKLICH ETWAS ZU SAGEN HAST. HILF ANDEREN – UND DAMIT AUCH DIR SELBST –, NACHRICHTEN EINFACHER UND EFFIZIENTER ZU GESTALTEN, DAMIT MEHR ZEIT FÜR WICHTIGERES BLEIBT.

ÜBUNG

TAG 51

BIST DU GENERVT VON DIE-
SEM BUCH? DEN AUFGABEN?
WÜRDEST DU AM LIEBSTEN
ALLES HINSCHMEISSEN?
DANN ERINNERE DICH AN
DEIN WARUM. RUFE DIR DEIN
ERFOLGSBILD VON TAG 13
INS GEDÄCHTNIS. IST ES
DAS NICHT WERT, WEITERZU-
MACHEN?

IMPULS

TAG 52

WENN DU SPÜRST, DASS SELBSTLIEBE EIN THEMA FÜR DICH IST UND DU MEHR SELBSTWERTGEFÜHL ENTWICKELN MÖCHTEST, DANN KAUFE DIR HEUTE EIN BUCH, EINEN ONLINEKURS, EIN WORKSHOP-TICKET ODER EIN COACHING (SIEHE SEITE 92). INVESTIERE IN DICH SELBST – ES LOHNT SICH!

ZITAT

TAG 53

„I THINK THE REWARD FOR CONFORMITY IS THAT EVERYONE LIKES YOU EXCEPT YOURSELF."

RITA MAE BROWN

ERINNERUNG: CHECKE DIE APP UND TRAGE DEINE HANDYZEIT FÜR DIE VERGANGENE WOCHE AUF SEITE 30 EIN.

CHALLENGE

TAG 54

FALLS DU DEIN HANDY NOCH MIT INS SCHLAFZIMMER ODER GAR INS BETT NIMMST, IST AB HEUTE SCHLUSS DAMIT. DEIN SCHLAF IST ZU LEBENSWICHTIG, UM IHN DURCHS HANDY ZU GEFÄHRDEN – VON DEINEM LIEBESLEBEN MAL GANZ ZU SCHWEIGEN.

ÜBUNG

TAG 55

TRIFF DICH HEUTE MIT LIEBEN MENSCHEN. ERMUNTERE SIE, DAS HANDY IN DER TASCHE ZU LASSEN. GEHT ES SPIELERISCH AN: WER ZUERST AUF SEIN HANDY SCHAUT, MUSS DIE GETRÄNKE BEZAHLEN ODER FÜR DAS NÄCHSTE MAL EINEN KUCHEN BACKEN.

TRACK DEN FORTSCHRITT

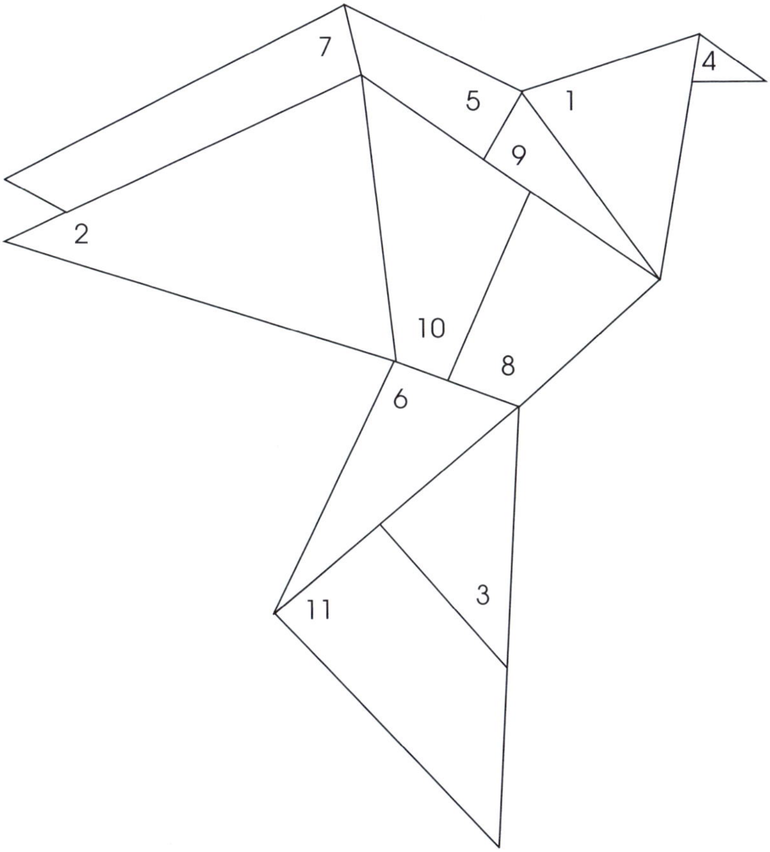

☐ DIESE TAGESAUFGABE FAND ICH SUPER!

☐ BEI DER AUFGABE VON HEUTE HABE ICH GEMISCHTE GEFÜHLE.

☐ DIE HEUTIGE AUFGABE IST (NOCH) GAR NICHT GUT GELAUFEN.

KNOW HOW

Sei kein Lemming und zeige, dass es auch anders geht!

In meiner Kindheit gab es ein Computerspiel namens Lemmings. Darin musste man kleine haarige Tierchen heil an ein Ziel lotsen. Klingt einfacher als es war, denn die Viecher marschierten blindlings dem Anführer hinterher, auch wenn der in den Abgrund oder ins Fallbeil stürzte. Sie folgten ihrem Herdentrieb, ohne zu hinterfragen. Warum mir gerade dieses Spiel einfällt? Weil ich Ähnliches in unserer Gesellschaft beobachte. Obwohl wir eigentlich wissen, dass es nicht gut für uns ist, geben wir unbedacht unsere Daten preis, binden uns an übermächtige Konzerne, konsumieren jeden Mist, den uns die Medien- und Entertainmentindustrie vorsetzt, rennen uns im Job-Hamsterrad die Füße wund und starren auf Bildschirme, bis die Augen schmerzen. Und warum? Weil alle es tun.

Weil selbst zu denken anstrengender ist als der Herde zu folgen. Albert Einstein soll einmal gesagt haben: „Wir sollten uns viel öfter die Frage stellen, ob etwas richtig ist, nur weil es alle tun." So ist es auch mit der Digitalisierung. Viele Systeme funktionieren nur, weil wir aus Bequemlichkeit, aus Bammel mitmachen. Wir beschweren uns gern über „die Anderen", machen es selbst aber nicht anders.

Was ich damit sagen möchte: Statt dich über andere zu ärgern, sei du die Veränderung, die du in der Welt sehen willst! Wenn dieses Buch positive Veränderungen in dein Leben gebracht hat, habe den Mut, sie vorzuleben, auch wenn du vielleicht mal aneckst.

Ich bin nicht so naiv zu glauben, dass ein Einzelner die Welt verändern kann. Aber ich glaube daran, dass etwas Gutes, das im Kleinen

beginnt, mit der Zeit Großes bewirken kann. Es braucht nur Menschen, die anfangen. Wie wäre es mit dir?

Zeige deinen Mitmenschen, dass und wie es anders geht. Ermutige sie. Ohne erhobenen Zeigefinger. Triff dich mit Freunden und lade sie ein, in den gemeinsamen Stunden das Handy wegzulegen. Setze dich mit deinen vermutlich ebenso gestressten Kollegen zusammen und überlegt gemeinsam, wie ihr euren digitalen Workflow entspannter und produktiver gestalten könnt.

Sei deinen Kindern ein glaubwürdiges Vorbild, indem du ihnen nicht bei jedem Anflug von Langeweile das Handy in die Hand drückst. Lebe ihnen den bewussten Umgang mit digitalen Medien vor. Sie werden dich nicht ernst nehmen, wenn sie Tag für Tag sehen, dass du deinen Konsum selbst nicht im Griff hast. Lasse dich von den Übungen und Challenges in diesem Buch inspirieren und überlege, wo sie sonst noch Gutes bewirken können.

Und wenn du dich jetzt fragst, warum ausgerechnet du mit positivem Beispiel vorangehen solltest, dann sage ich dir: Weil du die Motivation und den Mut dazu hast. Sonst hättest du dich nicht auf dieses 66-tägige Abenteuer eingelassen. Du hast verstanden, dass digitale Balance wichtig ist und wir uns über kurz oder lang alle damit auseinandersetzen müssen, wenn wir unser Leben weiter selbstbewusst und selbstbestimmt leben wollen.

Denn so nützlich die Digitalisierung auch sein mag: Unser Herz schlägt analog. Und das bleibt auch in Zukunft so.

CHALLENGE

TAG 56

DU HAST INZWISCHEN VIEL ÜBER DICH GELERNT. HINTERFRAGE DEINE MOTIVE BEI DER HANDYNUTZUNG: SCHAU IN DIE TRACKING-APP UND FINDE HERAUS, WANN DU BESONDERS OFT AM HANDY HÄNGST, WELCHE APPS INVOLVIERT SIND, WO DU DICH DANN BEFINDEST UND WAS DU IN DIESER ZEIT SONST NOCH TUST. GEHE IN DEINEN ÜBERLEGUNGEN NOCH EINEN SCHRITT WEITER: WARUM GREIFST DU GENAU DANN ZUM HANDY? IST ES DAS BEDÜRFNIS NACH SOZIALEN KONTAKTEN? NACH ENTSPANNUNG? NACH AUFREGUNG? NACH ERFOLGSERLEBNISSEN? WIE ABHÄNGIG IST DEIN VERHALTEN VON ZEIT UND ORT? WIE KÖNNTEST DU DIESE BEDÜRFNISSE NOCH BEFRIEDIGEN?
NOTIERE MÖGLICHE ALTERNATIVEN UND TESTE SIE AUS (SIEHE AUCH TAG 23).

ÜBUNG

TAG 57

DENKE HEUTE JEDES MAL, WENN DU ETWAS GOOGELN ODER EINE ANDERE SUCHMASCHINE NUTZEN WILLST, ÜBER DEINE INTENTION NACH. IST DIE INFORMATION WIRKLICH WICHTIG FÜR DICH? ODER SUCHST DU AUS LANGWEILE ODER WEIL DU ETWAS VOR DIR HERSCHIEBST? GOOGLE NUR NOCH DAS, WAS DICH IN DEINEM TUN WIRKLICH VORANBRINGT.

IMPULS

TAG 58

VIELE VON UNS FINDEN ES SCHADE, DASS DIE KLEINEN GESCHÄFTE AUSSTERBEN. ALSO TUE ETWAS DAGEGEN! STATT ETWAS ONLINE ZU BESTELLEN, GEHE HEUTE IN EINEN LADEN, LASSE DICH BERATEN UND KAUFE ES DORT. HAST DU HEUTE KEINE ZEIT, TRAGE EINEN TERMIN FÜR DEN EINKAUF IN DEINEN KALENDER EIN UND KAUFE NICHT ONLINE.

CHALLENGE

TAG 59

WIE OFT SCHAUST DU DIR FILME, SERIEN ODER SENDUNGEN AN, DIE DICH NICHT MITREISSEN? UND WIE OFT GREIFST DU DANN ZUM HANDY, UM DICH ABZULENKEN? OFFENBAR IST DAS, WAS DU DIR ANSIEHST, NICHT SPANNEND GENUG. FRAGE DICH: WARUM LÄSST DU ES TROTZDEM NEBENHER LAUFEN? ODER FINDEST DU DAS PROGRAMM INTERESSANT, KANNST DICH ABER NICHT DARAUF KONZENTRIEREN? FINDE HERAUS, OB DU WIRKLICH DAS SEHEN WILLST, WAS DU ANSCHALTEST. IST DIE ANTWORT „NEIN“, DANN SCHALTE AB UND MACHE ETWAS, DAS DICH MEHR ERFÜLLT. LAUTET SIE „JA“, SCHALTE DEIN HANDY AB UND LEGE ES IN DEN DAFÜR VORGESEHENEN „PARKPLATZ“ (SIEHE TAG 22).

ZITAT

TAG 60

„CHANGE WILL NOT COME IF WE WAIT FOR SOME OTHER PERSON OR SOME OTHER TIME.

WE ARE THE ONES WE'VE BEEN WAITING FOR. WE ARE THE CHANGE THAT WE SEEK."

BARACK OBAMA

ERINNERUNG: CHECKE DIE APP UND TRAGE DEINE HANDYZEIT FÜR DIE VERGANGENE WOCHE AUF SEITE 30 EIN.

CHALLENGE

TAG 61

SEHNST DU DICH NACH ERFÜLLENDEN GESPRÄCHEN, ABER WENN DU MIT JEMANDEM ZUSAMMEN BIST, REDET IHR OFT NUR ÜBER OBERFLÄCHLICHE THEMEN ODER HABT GAR DAS HANDY IN DER HAND? ÜBERLEGE DIR HEUTE EINIGE FRAGEN ODER KONKRETE THEMEN, DIE DU GERNE EINMAL MIT EINER BESTIMMTEN PERSON BESPRECHEN WÜRDEST UND NOTIERE SIE HIER. WENN DU DICH MIT MEHREREN LEUTEN TRIFFST, KANNST DU AUCH EINE ART SPIEL DARAUS MACHEN: NOTIERE JE EINE FRAGE AUF EINEM ZETTEL UND LASSE DANN JEDEN EINEN ZIEHEN. STAUNE ÜBER DIE ANTWORTEN UND DISKUSSIONEN, DIE SICH DARAUS ERGEBEN.

ÜBUNG

TAG 62

FALLS DU KINDER HAST: SETZE MIT IHNEN EINEN MEDIENNUTZUNGSVERTRAG (SIEHE SEITE 93) AUF, AN DEN SICH FORTAN ALLE FAMILIENMITGLIEDER HALTEN. SEI EIN GLAUB-WÜRDIGES VORBILD!

CHALLENGE

TAG 63

VERBRINGE DEN HEUTIGEN TAG KOMPLETT OHNE HANDY UND ANDERE DIGITALE GERÄTE. FALLS ES DIR WICHTIG IST, DASS ANDERE BESCHEID WISSEN, SCHREIBE ES IN DEINEN WHATSAPP- ODER FACEBOOK-STATUS. KLÄRE ALLES, WAS DU AN INFOS FÜR DEN TAG BRAUCHST, IM VORFELD. DENKE AM ENDE DES TAGES DARÜBER NACH, OB DU KÜNFTIG MINDESTENS EINEN OFFLINE-TAG PRO MONAT EINLEGEN WILLST UND WANN DAFÜR DER BESTE ZEITPUNKT IST. NOTIERE IHN HIER.

MEIN KÜNFTIGER OFFLINE-TAG IST DER
.. JEDEN MONATS.

IMPULS

TAG 64

DENKST DU VIELLEICHT SCHON LANGE DARÜBER NACH, EIN EHRENAMT ZU ÜBERNEHMEN ODER EINEN VEREIN AKTIV ZU UNTERSTÜTZEN? WENN DU DIR KÜNFTIG MEHR ZEIT FÜR DAS REALE LEBEN ERLAUBST, IST DAS DEINE CHANCE, DIESEN PLAN ENDLICH IN DIE TAT UMZUSETZEN. KÜMMERE DICH HEUTE DARUM.

ÜBUNG

TAG 65

MUSST DU AUF ALLEN HOCHZEITEN TANZEN? OFT SIND WIR ÜBERALL PRÄSENT: AUF FACEBOOK, TWITTER, INSTAGRAM, PINTEREST ... MEISTENS NUTZEN WIR ABER NUR EINEN ACCOUNT WIRKLICH INTENSIV, WÄHREND DIE ANDEREN VOR SICH HINDÜMPELN ODER GAR NERVEN. VERABSCHIEDE DICH HEUTE VON DEM KANAL, DEN DU AM WENIGSTEN NUTZT ODER DER AM MEISTEN NERVT.

ÜBUNG

TAG 66

HEUTE IST DER LETZTE TAG UNSERES GEMEINSAMEN DIGITAL-DETOX-ABENTEUERS. LASSE DIE LETZTEN WOCHEN REVUE PASSIEREN UND SCHREIBE DEINE GEDANKEN AUF: HAT SICH DEINE HOFFNUNG, DIE DU AM ERSTEN TAG NOTIERT HAST, ERFÜLLT? WELCHE POSITIVEN VERÄNDERUNGEN HAST DU SCHON GESCHAFFEN? WAS HAT (NOCH) NICHT SO GUT GEKLAPPT? UND VOR ALLEM: HAST DU DEIN ZIEL ERREICHT?

GESCHAFFT!

Oder hat das Buch etwa dich geschafft?
So oder so: Sei stolz, dass du hier angekommen bist. Vielleicht hat nicht alles geklappt und einige Aufgaben waren nicht das Richtige für dich. Das ist okay! Beim Digital Detox geht es wie im Leben nicht darum, perfekt zu sein. Wichtig ist, dass du deinen eigenen Weg findest und am Ball bleibst. Digitale Balance zu finden und zu halten, ist ein Prozess, der dich dein Leben lang begleiten wird. Allein schon, weil der technologische Fortschritt keine Pause kennt.
Das Gute ist: Wenn du ins Straucheln gerätst, weißt du nun, wie du wieder zu deiner Mitte findest. Dazu habe ich dir viele Anregungen gegeben. Es ist an dir, sie durch Wiederholungen in neue Gewohnheiten zu verwandeln.
Natürlich konnte ich dir hier nicht all mein Wissen mitgeben.
Darum lade ich dich ein, meinen Blog zu besuchen, wenn du dich intensiver mit Digital Detox beschäftigen magst. Falls du dir einen Ort zum Austauschen wünschst, lege ich dir die Facebook-Gruppe zum Buch ans Herz (Link auf der nächsten Seite). Sie ist deine Anlaufstelle, wenn du Antworten, Motivation und Unterstützung suchst. Du kannst mich auch jederzeit über den Blog kontaktieren. Ich freue mich, dich kennenzulernen.
Falls sich nach diesen 66 Tagen nichts zum Positiven verändert haben sollte, kann das daran liegen, dass dein Verhalten Ursachen hat, bei denen Übungen allein nicht weiterhelfen. Dann ermutige ich dich, dir psychologische Unterstützung zu holen, um deinem Leben eine neue Richtung zu geben.
In jedem Fall: danke für dein Vertrauen und alles Liebe für dich!

WEITERFÜHRENDE INFOS UND TIPPS

NÜTZLICHE LINKS

Mein Digital-Detox-Blog:
www.karolinemohren.de

Facebook-Gruppe zum Buch:
www.facebook.com/groups/
digital.detox.community

DIGITAL-DETOX-APPS ZUM TRACKEN DEINER HANDYNUTZUNG

www.karolinemohren.de/digital-detox.apps/

www.inthemoment.io (iOS)

www.qualitytimeapp.com
(Android)

DEAKTIVIEREN VON APP-BENACHRICHTIGUNGEN

www.connect.de/ratgeber/
smartphone-benachrichtigungen-anpassen-iphone-ipad-3198193-7765.html (iOS)

www.connect.de/ratgeber/
android-benachrichtigungen-abschalten-tipps-3198350.html
(Android)

ÜBUNGEN BEI „HANDYNACKEN“ (SIEHE SEITE 27) ETC.

www.liebscher-bracht.com/
schmerzlexikon/nackenschmerzen

„STILLE STUNDE“ AUF DER ARBEIT

www.impulse.de/management/
selbstmanagement-erfolg/
stille-stunde/3550136.html

GEFÜHRTE MEDITATIONEN UND ACHTSAMKEITSÜBUNGEN

https://veitlindau.com/fuer-liebhaber-der-gefuehrten-meditation

www.dfme-achtsamkeit.de/
gratis-downloads

SELBSTLIEBE UND PERSÖNLICHKEITSENTWICKLUNG

www.stefaniestahl.de

www.gluecksdetektiv.de/
selbstwertgefuehl-steigern

www.palverlag.de/buchshop

MEDIENNUTZUNGSVERTRAG FÜR FAMILIEN

www.mediennutzungsvertrag.de

WEITERE EMPFEHLENSWERTE BLOGS, WEBSITES & VIDEOS

www.anitra-eggler.com

https://youtu.be/TAIxb42FjwE

www.solittletime.de

www.healthyhabits.de

EMPFEHLENSWERTE BÜCHER

Anitra Eggler: Mail halten! Die beste Selbstverteidigung gegen Handy-Terror, E-Mail-Wahnsinn und digitale Dauerablenkung

Alexander Markowetz: Digitaler Burnout: Warum unsere permanente Smartphone-Nutzung gefährlich ist

Charles Duhigg: Die Macht der Gewohnheit: Warum wir tun, was wir tun

Stefanie Stahl: Das Kind in dir muss Heimat finden. Der Schlüssel zur Lösung (fast) aller Probleme

Stefanie Stahl: So stärken Sie Ihr Selbstwertgefühl. Damit das Leben einfach wird

Marc-Uwe Kling: QualityLand (Roman)

Diese Liste kannst du dir auch bequem als PDF zum direkten Klicken auf www.karolinemohren.de/buch-liste.pdf herunterladen.

DIE AUTORIN

Im Jahr 1980 in Hessen geboren, verschlug es Karoline Mohren zum kulturwissenschaftlichen Studium mit Mitte 20 nach Lüneburg, von wo aus sie später nach Hamburg pendelte, um ihr Redaktionsvolontariat zu absolvieren. Seit 15 Jahren findet sie beruflich für sich und andere passende Worte und ist heute als freiberufliche (PR-)Journalistin u. a. für namhafte Magazine, Verlage und Unternehmen tätig. Dass sie derzeit wieder auf dem hessischen Land lebt, ist kein Zufall: Wie in ihrer noch analogen Kindheit findet sie hier an der Seite ihrer Hündin die Stille, die sie zum Leben und Arbeiten braucht. Auszeiten von der permanenten Reizüberflutung sind Teil ihrer Digital-Detox-Strategie, die sie seit 2017 auf ihrem Blog (www.karolinemohren.de) unter dem Motto „Mein Herz schlägt analog" mit ihren Lesern teilt und weiterentwickelt.

BUCHTIPPS

978-3-7724-4922-2

978-3-7724-4907-9

978-3-7724-4913-0

978-3-7724-4909-3

978-3-7724-4914-7

978-3-7724-5336-6

IMPRESSUM

TEXTE: Gabriele Betz (Seite 6), Karoline Mohren (alle übrigen)
PRODUKTMANAGEMENT: Hannelore Irmer-Romeo
LEKTORAT: Gabriele Betz
LAYOUT UND SATZ: Eva Grimme
DRUCK UND BINDUNG: POLYGRAF PRINT spol. s r.o.

1. Auflage 2018

ISBN 978-3-7724-4921-5 · Best.-Nr. 4921